# VISITE

## AU

# PORT MILITAIRE

### DE

## CHERBOURG

## Petit Guide cherbourgeois

CHERBOURG
AUGUSTE MOUCHEL, LIBRAIRE-ÉDITEUR.
PLACE DE LA TRINITÉ, 1.

1858

# VISITE

## AU PORT MILITAIRE

### DE CHERBOURG

---

L'étranger qui, après avoir suivi la rue de l'Abbaye, en cotoyant à gauche l'établissement de la *Boulangerie de la Marine* et la *Caserne des Equipages de la Fotte*, et à droite l'atelier provisoire *de la Corderie*, a traversé le fossé et le mur des fortifications, et pénétré dans l'enceinte militaire, doit avoir pour premier soin de se rendre à la *Majorité de la Marine*, dont les bureaux sont dans l'établissement qu'il aperçoit à gauche, et d'y demander la permission d'entrer dans l'Arsenal et d'en visiter les ateliers. — Ces permissions ne sont délivrées qu'aux personnes munies de leur passeport ou accompagnées d'un officier de la Marine. Le bureau est ouvert habituellement à neuf heures du matin et fermé à quatre heures du soir. — La *Bibliothèque du Port* et le *Tribunal maritime* occupent l'aile gauche de ce bâtiment; dans l'aile droite se trouvent les bureaux du *Commissaire Général de la Marine*.

Muni de la permission indispensable pour franchir la porte de l'Arsenal, le visiteur n'a plus d'autres formalités à remplir que de présenter le billet au gardien qui, à l'entrée, en enlèvera un fragment en manière de visa, et le rendra au titulaire, celui-ci devant le conserver sur lui pendant toute sa visite, et le montrer, au besoin, selon les réquisitions qui lui en seraient faites. Ce n'est qu'à la sortie de l'Arsenal que la permission est remise définitivement au portier.

L'itinéraire que suivra le visiteur pour voir le

plus de choses en peu de temps et avec le moins de chemin possible, est le suivant :

Aussitôt entré dans le Port, en tournant à droite, on aperçoit le *grand Hangar*, surmonté d'un petit clocher renfermant la cloche d'appel des ouvriers de l'Arsenal. En prenant la première porte, le visiteur se trouvera vis-à-vis d'un escalier monumental en bois, qui le conduira à la *salle des Gabaris*. C'est dans cette salle que les Ingénieurs des Constructions Navales font tracer en grandeur naturelle les plans des navires, au moyen de courbes qui servent à déterminer les *gabaris* ou *modèles* des différentes pièces de charpente entrant dans la confection de la coque d'un bâtiment. De là le nom de *salle des Gabaris* donné à l'appartement. Dans ce local eut lieu, en 1851, un banquet où assista le Président de la République. Au fond de la salle se trouve un petit musée renfermant quelques modèles assez curieux à voir, bien que leur collection ne soit pas nombreuse et ait été appauvrie au bénéfice du musée de la Marine à Paris.

En redescendant de la Salle des Gabaris et sortant du Hangar pour y rentrer par une porte un peu plus éloignée, on se trouvera dans l'*Atelier de la Scierie mécanique*, établi à Cherbourg depuis peu d'années et déjà pourvu de nombreux outils à scier, à raboter, etc. De tous ces outils, dus à des constructeurs français, un des plus curieux est la scie destinée à débiter les membrures des bâtiments. Nous conseillons fort au visiteur qui veut bien se laisser guider par nous, de laisser le vulgaire s'extasier devant la rapidité avec laquelle la scie circulaire dévore le bois, et de venir étudier avec attention le mécanisme ingénieux de la scie à chantourner, que nous venons de lui signaler.

En sortant de la Scierie Mécanique, on devra longer le Hangar, dont la partie à la suite de la Scierie Mécanique ne renferme que des magasins et dépôts divers, et en continuant jusqu'au bout, on arrivera à l'*Atelier des Chaloupes et Canots*, atelier dont la réputation est immense et méritée, car les embarcations qui en sortent sont remarquables par leur élégance, le fini de leur travail et leurs qualités nautiques. C'est dans cet atelier qu'est entreposé le canot impérial, qui mérite d'être vu.

A l'issue de l'Atelier des Chaloupes et Canots, le visiteur se rendra à la *Halle de Montage*, vaste édifice qui, ainsi que l'indique son nom, est destiné à opérer le montage des appareils à vapeur, avant que ces derniers ne soient embarqués à bord. Dans cette salle il trouvera probablement l'occasion de se faire une idée nette des dimensions quelquefois colossales de certains organes des machines.

Après la Halle de Montage vient l'*Atelier des Martinets*, où l'on pourra voir fonctionner des marteaux à vapeur, dont l'un pèse de trois à quatre mille kilogrammes, et qui, dociles à la volonté de l'homme, frappent, selon les besoins du travail, avec une violente énergie ou avec une modération calculée et précise.

Près de l'Atelier des Martinets se trouve une presse hydraulique destinée à faire les épreuves de force, soit sur les cables-chaînes, soit sur d'autres pièces de la solidité desquelles on doit être bien convaincu avant de les employer au service.

A la suite de l'Atelier des Martinets est situé l'*Atelier des Machines*, où le fer, la fonte, le cuivre et le bronze sont travaillés de toutes les manières par des machines à tourner, à raboter, à alézer, à mortaiser, etc., etc.

C'est en voyant fonctionner cet Atelier que l'on peut se rendre compte de la précision avec laquelle les plus grosses pièces de fer sont exécutées.

Après l'Atelier des Machines on visitera l'*Atelier de la Fonderie* qui termine le long bâtiment des ateliers à fer. Quand on aura vu l'étuve, les fourneaux pour obtenir la fonte en fusion, les moules et la manière de les confectionner; en un mot, quand on aura étudié suffisamment les travaux qui se font dans cet atelier, on pourra, en sortant, suivre le quai, et laissant à sa gauche un dépôt de charbon de terre, arriver aux *cales couvertes*, immenses édifices servant à abriter les navires pendant leur construction. Les cales couvertes, dont certains pilastres renferment plusieurs étages de bureaux, sont au nombre de quatre, et divisés en deux groupes séparés par un bassin ou forme de radoub, dans lequel on échoue les bâtiments qui ont de grandes réparations à faire à leur carène. Cette forme de radoub, qui fut longtemps unique à Cherbourg, porte le nom de forme Cachin.

Au sud de la cale n° 4 se trouve un groupe d'édifices compris ordinairement sous le nom d'*Ateliers à Bois*, et qui renferment l'*Atelier de la Tonnellerie et Avironnerie*, situé à gauche, en entrant par la grille Est de cet édifice. Dans cet Atelier se confectionnent les futailles pour embarquer à bord le vin et les vivres, les bouées qui indiquent la place des ancres lorsque celles-ci sont au fond de la mer, les avirons des canots, les gournables ou chevilles en bois qui fixent aux membrures des navires les bordages, etc.

Vis-à-vis de la porte d'entrée de cet Atelier est celui de la *Sculpture*, où se confectionnent les ornements des navires; quoique compris dans la classe des charpentiers, les ouvriers qui travaillent dans cet atelier sont de véritables artistes, et l'on ne doit pas oublier que le célèbre sculpteur Puget consacra une grande partie de ses talents à l'ornementation des navires. De nos jours, une louable économie et un goût plus simple dans les sculptures des vaisseaux, ont réduit l'importance de cet établissement qui, au besoin, comme on peut en juger par les ornements du canot impérial, fournirait des travaux plus artistiques que ceux qui lui sont commandés par les exigences ordinaires du service.

Au-dessus de l'Atelier de la Tonnellerie se trouve la *Poulierie*, qui a pour but de confectionner les poulies et objets analogues, nécessaires à l'armement des navires. Nous y recommanderons à l'attention du visiteur une curieuse machine à confectionner les drisses de pavillons. En redescendant de cet Atelier, on entrera à *l'Atelier des Cabestans*, où l'on fait les cabestans et les gouvernails des bâtiments. Il s'y trouve, entr'autres machines, un appareil qui prend les planches brutes et les rend rabotées par dessus et par dessous, sciées de largeur convenable et embouvetées.

En montant dans l'aile de l'édifice non encore visitée, on trouve l'*Atelier de Peinture* et celui de la *Menuiserie*, dont la vue expliquera mieux que cette note toutes les curiosités.

Au rez-de-chaussée de cette aile est l'*Atelier des Modèles*, où on confectionne en bois les diverses pièces qui doivent ultérieurement être fondues en métal dans l'Atelier de la Fonderie.

En quittant ces Ateliers, le visiteur se dirigera vers le nord, en suivant les quais, ce qui lui permettra d'examiner le premier bassin ou avant-port dit *bassin Napoléon I$^{er}$*, et la passe dans laquelle les navires s'engagent pour venir se mettre à quai, le bassin adjacent dit *bassin Charles X*, et enfin le grand bassin ou *bassin Napoléon III*.

Sur le quai du bassin Napoléon I$^{er}$ se trouve une petite construction carrée renfermant le *Maréographe* ou appareil indicateur des marées et de leurs fluctuations, appareil intéressant à visiter.

A gauche de l'avant-port, dans le long bâtiment qui s'étend parallèlement au quai, et qui est construit avec une certaine recherche, sont les bureaux de différents services. — Derrière ce bâtiment sont des hangars pour abriter les bois, les dépôts du Charpentage et du Calfàtage, l'Ecole élémentaire, l'Atelier des Radoubs et celui du Sciage.

Entre le grand bassin et le bassin Charles X on voit un vaste bâtiment servant de *Magasin Général* et de bureaux au Commissaire aux Approvisionnements et aux Agents comptables du Port, et dont un des côtés est affecté à la *Direction des Mouvements du Port*, possèdant dans ses magasins le gréement des navires en désarmement, et qui comprend l'*Atelier de la Garniture*, où se prépare le gréement, l'*Atelier de la Voilerie* et celui de la *Couture*.

Entre cet édifice et le quai on peut voir le dépôt des ancres des navires.

En continuant sa route, on pourra visiter le grand bassin, ses formes de radoub atteignant jusqu'à 100 mètres de longueur, avec leurs bateaux-portes en fer zingué, les nouvelles cales de construction non couvertes, les Halles de Travail, les Ateliers *des Forges d'Armement*, *de Chaudronnerie* et *des Chaudières à Vapeur.* Dans ce dernier Atelier on travaille la tôle de fer sous toutes les formes imaginables, au moyen de machines à découper, à percer, à ceintrer, tout aussi bien qu'avec la main de l'ouvrier. — On pourra probablement étudier dans cet établissement ces immenses chaudières qui sont l'ame des machines à vapeur et leur organe le plus essentiel.

A gauche et à une certaine distance de ces Ateliers, on aperçoit un groupe d'établissements d'une construction élégante, et qui forment l'ensemble de la *Direction des Travaux Hydrauliques.* C'est là que le visiteur pourra voir la *Salle des Modèles,* dans laquelle sont reproduits et mis en ordre tous les bâtiments maritimes du port. Nombre d'objets d'art décorent cette salle.

En sortant et en contournant le bassin Charles X on jettera un coup-d'œil sur le *ponton-mâture,* navire en fer zingué, servant spécialement à mâter les bâtiments de guerre.

Le visiteur s'informera s'il y a des navires en armement dans les bassins, et dans ce cas il pourra facilement se rendre à bord d'un de ces bâtiments. Il sera accompagné dans sa visite par un des hommes de l'équipage.

On trouvera ensuite l'*Atelier de la Mâture* où se fabriquent les mâts, vergues, hunes et autres pièces qui entrent dans la composition de la mâture des navires.

De là, en continuant sa marche, le visiteur rencontrera la *Direction de l'Artillerie*, dans laquelle il devra voir la *Salle d'Armes*, entretenue et disposée avec un soin et un ordre au-dessus de tout éloge. — Dans la cour de ce magnifique édifice il verra les canons, affûts et projectiles destinés à l'armement des navires et à la défense des côtes.

A la suite de cette promenade, qui occupera au moins une demi-journée, l'étranger aura pu se faire une idée des différents travaux qui s'exécutent dans un Arsenal maritime, et aura vu la majeure partie des points les plus curieux du port de Cherbourg.

# CRÉATION

## DU PORT MILITAIRE

### DE CHERBOURG

Déjà la rade de Cherbourg était défendue par plusieurs forts et fermée par un môle immense; toute une flotte pouvait y mouiller en sûreté; mais ce lieu de refuge ne donnait aucun moyen pour radouber et approvisionner les vaisseaux : il y manquait un port militaire, et ce grave inconvénient s'était fait sentir plus d'une fois pendant la guerre maritime de la République. Bonaparte, qui venait de faire reprendre les travaux de la Digue de Cherbourg, avait alors les yeux fixés sur cette ville. Son génie eut bientôt reconnu de quelle importance serait pour la marine française, la création d'un grand établissement militaire sur une côte placée comme en sentinelle en face de l'Angleterre, et il résolut d'y faire creuser un autre lac Mœris. Un arrêté des consuls du 25 germinal an XI (15 avril 1803), ordonna qu'un port de guerre de 1re classe y serait établi. Le 19 floréal suivant (9 mai), les ingénieurs tracèrent les limites et fixèrent les repères de l'avant-port ou premier bassin du *Port-Bonaparte*. Le lieu adopté, à la fosse dite du Galet, se nommait le *Pré du Roi*. Il est à remarquer que ce même emplacement avait été désigné à cet effet par le maréchal de Vauban plus d'un siècle auparavant.

Aussitôt que le projet d'un port militaire à Cherbourg fut décrété, le gouvernement s'occupa activement de l'exécution de cette gigantesque entreprise. Des adjudications pour les différentes parties de l'ouvrage furent affichées dans les villes, publiées dans les feuilles publiques; les préfets des départements firent des appels aux ouvriers, qu'on envoyait sur les lieux en les payant par étage selon leurs professions. Beaucoup de militaires de la garnison, imitant l'exemple des soldats romains, se présentèrent comme travailleurs volontaires et furent employés aux travaux. Il arriva un nombre prodigieux d'ouvriers, dirigés de tous les points de la France, et Cherbourg, animé par cette affluence de monde gagnant de l'argent et le dépensant, devint extraordinairement florissant.

Bientôt Bonaparte changea ses faisceaux consulaires contre un sceptre de roi; mais les ouvrages commencés par le Premier Consul furent continués par l'Empereur : ni l'entreprise de Boulogne, ni le voyage triomphal d'Austerlitz, ni les campagnes de Prusse et de Pologne ne ralentirent d'un instant les travaux de Cherbourg : tout marchait rapidement et comme à l'envi, malgré les difficultés inouïes qu'on avait à surmonter. Quoique le bassin fût creusé dans un roc de schiste quartzeux, dont la dureté augmentait en raison de la profondeur, les mines domptaient la nature, et le génie de l'homme allait maîtriser les vagues, en plaçant à l'entrée de ce port une digue pour le garantir de l'irruption de la mer. Ce bâtardeau fut mis à flot le 3 septembre 1807, et immergé entre le revêtement des deux môles de la passe d'entrée. Il avait 142 pieds de longueur, 84 pieds de largeur à sa base et 44 au sommet, sur 40 pieds de hauteur verticale. Les intervalles existant entre les extrémités du bâtardeau et les môles, furent remplis par des pièces additionnelles adaptées à l'œuvre principale. On consolida l'ouvrage, et cette vaste charpente était si solide, qu'elle résista à l'action des flots pendant six années, c'est-à-dire jusqu'à l'époque de l'immersion de l'avant-port.

Par suite de la guerre que Napoléon faisait dans la péninsule Hispanique, Cherbourg devint un dépôt de prisonniers espagnols. Dès 1809, plus de 6,000 de ces victimes de la guerre travaillaient au port. Ce furent les Espagnols qui creusèrent le fossé d'enveloppe et les remparts qui ferment l'enceinte du port militaire.

Les ouvrages du bassin étaient alors poussés avec vigueur. L'amiral Decrès, ministre de la marine, vint les inspecter en 1810. Une année après, le 26 mai 1811, l'empereur Napoléon, accompagné de l'Impératrice, arriva à Cherbourg pour visiter les travaux et leur imprimer l'infatigable activité de son génie.

Dans le courant de l'été 1813, la grande entreprise de l'avant-port fut enfin accomplie, après des millions de dépense et dix années d'un travail continuel. Le bassin était entièrement creusé, les murs des quais terminés, et l'ouvrage prêt à recevoir les eaux de la mer.

Napoléon, qui était en Saxe à la tête de la grande armée, ne put assister à l'immersion de ce bassin; Marie-Louise, régente de l'empire, vint seule à Cherbourg voir le spectacle de cette mémorable cérémonie.

Le 26 août 1813, l'Impératrice se rendit au *Port-Napoléon;* elle descendit au fond du bassin, où l'on avait scellé dans deux excavations taillées dans le roc, l'une en face de la passe d'entrée, l'autre en avant de la forme de radoub, une boîte en chêne, recouverte d'une feuille de plomb, renfermant des pièces de monnaie et 80 médailles en bronze du règne de l'Empereur. On avait également déposé dans chacune de ces fosses une inscription gravée sur une plaque de platine et ainsi conçue : *Napoléon-le-Grand a décrété, le 15 avril 1803, qu'un port serait creusé pour les grands vaisseaux de guerre, dans le roc de Cherbourg, à cinquante pieds de profondeur au-dessous des hautes marées. — Ce monument a été terminé et son enceinte ouverte à l'Océan le 27 août 1813, en présence de Sa Majesté Marie-Louise d'Autriche, Impératrice et Reine, Régente: Napoléon, son auguste Epoux, étant en Allemagne à la tête de ses armées. — Le vice-amiral duc Decrès, ministre de la marine. — Le chevalier Cachin, directeur en chef des travaux. — Le chevalier Molini, préfet maritime.*

Après avoir parcouru en sens divers l'enceinte de l'avant-port, chacun se retira, et l'Impératrice resta derrière, afin d'être la dernière personne qui ait foulé à pied sec le fond de ce bassin. Aussitôt qu'elle l'eut quitté, le sol se couvrit d'une nappe de près d'un pied d'eau, en attendant la grande immersion du lendemain.

Le 27 août, vers six heures du soir, l'Impératrice retourna au port, où plus de 25,000 personnes se trouvaient déjà; elle se plaça dans un pavillon sur le quai de l'Est, près de la passe. M<sup>gr</sup> Dupont-Poursat, évêque de Coutances, procéda ensuite à la bénédiction du bassin, pendant qu'une escadre, aux ordres du contre-amiral Troude, était sous voile et manœuvrait sur la rade.

La mer montait, et le bâtardeau, dégarni d'une partie de ses bordages, la laissait entrer dans l'avant-port par une triple cascade. L'Impératrice jouit plus d'une heure de ce majestueux spectacle; puis, à la chute du jour, elle rentra en ville. L'air était froid, et une partie des spectateurs s'en allèrent aussi sur les huit heures, bien que l'immersion ne fît guère que commencer.

Alors le voile de la nuit couvrait l'horizon: une infinité de lampions illuminaient le bâtardeau et la passe; de nombreux pots-à-feu, remplis de goudron, éclairaient les quais. Cependant la marée montait, et la mer prenait une force qui s'augmentait de minute en minute. Enfin le dénouement de cette scène imposante arriva : il était neuf heures lorsqu'un craquement horrible, un bruit épouvantable partit du bâtardeau, dont le centre venait de se briser en éclats. La mer ayant rompu cette barrière, entra alors avec une furieuse impétuosité dans l'avant-port, détachant avec fracas les dernières pièces de la charpente. L'irruption fut si rapide, qu'un instant suffit pour mettre les eaux du bassin au niveau de celles de la rade ; en une demi-heure il fut complètement rempli.

L'avant-port se trouva ainsi immergé à 50 pieds au-dessous du niveau des flots. Ce superbe bassin, tout creusé dans le roc vif, a 292 mètres 175 millimètres de longueur sur 236 mètres 725 millimètres de largeur, et 17 mètres 86 centimètres de profondeur depuis l'arête des quais jusqu'au fond ; sa passe a 63 mètres 88 centimètres d'ouverture extérieure entre les deux môles, et plus de 100 mètres d'ouverture intérieure. La superficie de ce bassin et du chenal qui le relie à la mer forme une étendue d'environ 12 arpents. Il peut contenir 15 ou 16 vaisseaux de ligne.

Sur le quai Sud de l'avant-port existaient déjà les quatre belles cales qui en font l'ornement, mais qui n'ont été couvertes et achevées que sous la Restauration ; des vaisseaux y étaient en construction. Entre ces cales existait aussi la forme de radoub qu'on y voit aujourd'hui, et qui a 230 pieds de longueur, 74 de largeur à la partie supérieure du revêtement, et 26 1/2 de profondeur. Les deux musoirs qui bordent l'entrée de la passe étaient dans le même état de perfection qu'ils sont à présent. Sur l'un devait s'élever un phare, et l'autre devait avoir un sémaphore ou télégraphe maritime.

Le premier bâtiment qui soit entré dans le *Port-Napoléon* fut le vaisseau le *Zélandais*, de 80 canons, construit sur les chantiers de Cherbourg, et lancé le 12 octobre 1813.

On n'avait pas attendu que l'avant-port fût terminé pour commencer le creusement d'un second bassin, au nord du premier. Les travaux de ce nouvel établissement furent alors portés à un haut point d'activité; mais la funeste péripétie de 1814, les deux invasions qu'eut à subir la France, nos revers de fortune firent abandonner les ouvrages de Cherbourg, quel que fût leur état d'imperfection.

Cependant, après plusieurs années d'interruption, on reprit les travaux du port, et quantité d'ouvriers furent employés à achever le creusement du bassin commencé. Le roc s'enlevait au moyen de mines, comme on l'avait fait à l'avant-port.

Ce nouveau bassin fut livré à la mer le 25 août 1829, en présence de M. le duc d'Angoulême. Le prince scella lui-même dans une fosse pratiquée sur l'axe de l'écluse ouest et à 20 mètres du pied du talus, des monnaies de la Restauration, et une pièce de platine sur laquelle était gravé : *Charles X, Roi de France et de Navarre, ayant permis que son nom fût donné au Port Militaire de Cherbourg, l'ouverture de ce Port a eu lieu le 25 août 1829, en présence de* son *Altesse Royale Monsieur le Dauphin, Fils de France, Amiral de France.* — ........ *ministre de la marine et des colonies.* — M. *Pouyer, préfet maritime.* — M. *Fouques-Duparc, ingénieur en chef, directeur des travaux hydrauliques.* Ensuite on donna passage aux flots, et la mer, se précipitant comme dans un gouffre, envahit ce vaste bassin, qui forme un rectangle de 291 mètres 775 millimètres de longueur sur 217 mètres 30 centimètres de largeur. Il est creusé à la même profondeur que l'avant-port. Ces deux bassins sont séparés par un terre-plein de 39 mètres de largeur, et communiquent ensemble au moyen d'une écluse large de 20 mètres et à portes de flot. Un magnifique pont-tournant est établi sur cette passe et fait accéder aux deux quais.

Tel était l'état du port de Cherbourg en 1837, ainsi racontée par M. Vérusmor, dans le journal le *Phare de la Manche* de ce temps.

A cette époque, le vaste projet conçu par Napoléon pour un établissement maritime à Cherbourg était loin d'être accompli; on désespérait même de le voir jamais terminé, tant il exigeait d'années de travaux et de millions de dépense. Mais le gouvernement de Louis-Philippe ne recula pas devant cette colossale entreprise; il adopta enfin le plan général pour l'achèvement de ce port, en ordonnant la construction d'un troisième et dernier bassin. Cette ordonnance reçut un commencement d'exécution. M. le contre-amiral de Martineng, préfet maritime à Cherbourg, et les divers chefs de service de la marine, procédèrent à l'ouverture des travaux le 28 juin 1836.

Depuis ce temps, le Port a pris l'aspect d'une ville importante ; des rues portant le nom des hommes illustres de notre marine ont été tracées, de magnifiques édifices se sont élevés, des ateliers vastes et bien appropriés à leur destination ont été créés, les bureaux des administrations y sont spacieux et richement décorés, les navires en chantier s'y construisent aisément, sept formes attendent ces bâtiments pour les recevoir à tout moment; un personnel immense est employé maintenant dans cet arsenal, où tout fonctionne avec ordre et régularité. Une surveillance bien entendue plane sur tout cet ensemble.

Les casernes maritimes de gendarmerie, d'artillerie et d'infanterie sont groupées près du port.

Avec la mise à l'eau dans le bassin Napoléon III, le port de Cherbourg aura atteint la position de port militaire de 1$^{re}$ classe. Mais pour avoir atteint ce rang en si peu d'années, il a fallu que la France confiât ses hautes destinées à l'héritier du grand homme qui vit, en son temps, ce que devait être Cherbourg en l'année 1858.

# LA RADE, LA DIGUE

## DE CHERBOURG

La rade de Cherbourg est située à l'extrémité de la presqu'île du Cotentin, presque au centre de la Manche, et dans la partie la plus rapprochée des côtes d'Angleterre. Elle occupe une baie de 7,017 mètres d'ouverture et de 3,000 mètres de profondeur, comprise entre le Fort-Royal et la pointe de Querqueville, et qui n'est elle-même que le fond d'une grande baie dont le cap Lévi forme l'extrémité est, et le cap de la Hague l'extrémité ouest.

Cherbourg paraît au point le plus reculé de ce croissant; il s'est comme retiré dans une profonde échancrure, et c'est de là qu'il offre une hospitalité aux navires.

Cette rade était ce qu'on appelle une rade foraine. Abritée naturellement depuis l'O.-N.-O. jusqu'à l'E.-N.-E., par les côtes qui la circonscrivent au midi, elle est soumise à l'action des vents dans toute sa partie septentrionale. C'est cette ouverture que l'on a voulu couvrir par la formation de la Digue.

La rade a 796,000 mètres de superficie totale, comprise entre la Digue et le rivage. Le fond est d'une excellente tenue, et les navires peuvent jeter l'ancre presque partout. 25 ou 30 vaisseaux avec un nombre proportionnel de frégates et corvettes trouveraient place dans la rade.

La Digue a 3,712 mètres de longueur, et laisse à ses extrémités une passe de 2,300 mètres à l'ouest, et de 950 mètres à l'est.

Nos compatriotes MM. J. Fleury et Vallée ont publié sur la Digue des renseignements que nous croyons utile de reproduire en partie dans cette brochure :

Le premier système employé pour la formation du brise-lame consistait à couler à basse-mer, sur la direction déterminée, une suite de caisses coniques remplies en pierres sèches, ce qui réussit complètement. Les cônes étaient des caisses en charpente, sans fond. Leur diamètre inférieur atteignait de 43 à 46 mètres; leur diamètre supérieur, égal à leur hauteur perpendiculaire, n'était que de 19 mètres 50. Quatre-vingt-dix montants en bois de chêne, assemblés et fixés par quatre ceintures en moises, également en chêne, composaient le corps de charpente. L'épaisseur de cette enveloppe à claires-voies augmentait insensiblement du couronnement à la base; au centre restait un vide immense, que 4,880 mètres cubes de pierres parvenaient à peine à combler. Chaque caisse vide pesait 20,000 quintaux. Après l'entière confection du cône, on profitait d'une basse mer de vive eau pour adapter intérieurement et extérieurement à la partie inférieure des montants, une double ceinture de barriques vides. A la marée montante, sollicité par ces allèges, il quittait sa plate-forme et prenait flot. L'opération s'achevait ensuite avec célérité; des tranchants à coulisse coupaient les câbles qui retenaient les barriques, et le colosse, cédant à sa pesanteur, s'enfonçait dans l'abîme; on commençait aussitôt à le remplir de pierres jusqu'à quatre pieds au-dessous de son sommet; ce travail, fait par un grand nombre de petits navires, ne demandait ordinairement que 15 à 18 jours. Près de la moitié des pierres tombaient, en les versant, en dehors de l'orifice, de sorte que pour chaque caisse, le cube transporté s'élevait à plus de 9,700 mètres. La maçonnerie cimentée fut substituée à la pierre sèche, à partir de la ligne des basses mers d'équinoxe. La dépense totale d'une caisse, coulée et remplie, s'élevait à près d'un million. Il fallait pour couvrir un front de 3,900 mètres de longueur projetée, 90 caisses coniques.

Deux seulement purent être échouées en 1784,

celle qui l'avait été le 7 juillet n'était pas encore achevée de remplir, lorsqu'un fort coup de vent survint le 18 août et en enleva la partie supérieure, depuis le niveau des basses mers. Cet accident donna à réfléchir : la mise à flot des cônes ne pouvant s'opérer que dans la vive eau, on reconnut l'impossibilité d'en placer plus de 5 à 6 par année; et à ce compte 15 à 18 années eussent à peine suffi pour compléter l'établissement; il fut décidé que les cônes seraient désormais espacés de 58 mètres 50, et que l'intervalle laissé entre eux serait comblé en petites pierres jusqu'au niveau des basses mers, de façon à former une digue continue.

En 1788, époque du dernier cône coulé, le nombre de ces cages s'élevait à 20. Deux seulement étaient jointives à leur base. En conséquence des diverses modifications apportées au projet primitif, toutes les autres avaient été espacées successivement davantage, d'abord de 58 mètres 50, puis de 200 mètres, et enfin de plus de 300 mètres.

L'expérience ne répondit pas à la confiance que l'on avait dans les procédés de ces cônes, qui étaient sans doute d'admirables machines, mais ils se trouvaient impuissants à maîtriser les efforts incalculables de la mer. On n'avait pu les remplir tous jusqu'à leur sommet; le ciment hydraulique avait cessé d'être employé, de sorte qu'ils éprouvaient des avaries considérables.

L'insuffisance des cônes était reconnue. Les enrochements devinrent aux yeux des hommes de l'art l'unique espoir des travaux, et l'on en poursuivit activement la formation. Mais on ne tarda pas à s'apercevoir qu'il n'existait aucune parité entre les deux systèmes, et que l'un, loin de prêter appui à l'autre, en causerait inévitablement la ruine. Une digue, uniquement en pierres perdues, parut être ce qu'il restait à faire, et ce système commença dès lors à être suivi.

En 1789 et 1790, les travaux d'exhaussement se continuèrent avec vigueur. Le volume des pierres versées en rade depuis l'entreprise des ouvrages était évalué à 2,665,400 mètres cubes.

En 1791, un nouveau genre de travail fut entrepris pour couvrir la partie supérieure du brise-lame nord jusqu'à 3 ou 4 mètres en contre-bas de la basse mer. Des blocs de 50 à 60 centimètres cubes y furent placés sur environ 100 mètres de longueur. Leur stabilité, éprouvée par les tempêtes, parut incontestable, et le recouvrement en entier dut se faire avec de gros blocs extraits des carrières du Roule et de la Fauconnière.

Depuis seize années, plus de trente tempêtes avaient éprouvé la solidité des ouvrages, lorsque l'ouragan du 12 février 1808, le plus fort que l'on ait jamais ressenti dans nos parages, vint renverser les prévisions et remettre en doute la possibilité de posséder en rade un établissement stable.

Cet événement a été le sujet d'une narration circonstanciée publiée dans l'*Annuaire de la Manche*, et due à la plume de M. Vérusmor. Nous en extrayons le passage suivant:

« La tempête du vendredi 12 février 1808, qui renversa le revêtement de la Digue de Cherbourg et coûta la vie à un grand nombre de personnes, est le plus terrible coup de vent que de mémoire d'homme l'on ait éprouvé sur nos côtes. Après un intervalle de cinquante années, la cité que consterna ce désastre en garde encore le douloureux souvenir.

» Les vents, qui soufflaient depuis plusieurs jours du S. au S.-O., sautèrent en foudre au N.-O. vers les deux heures du matin, et la mer entra subitement en convulsion. On était à l'époque des vives eaux; le flux commençait à se manifester. La tempête, qui se déclara tout d'abord avec une effrayante impétuosité, s'accrut encore à mesure que le flot monta : elle augmentait de violence en raison directe de la hauteur de la marée, et ce fut au moment du plein de la mer que la tourmente atteignit au *maximum* de sa fureur.

» Dès le principe, les lames ne faisaient guère que briser sur le talus extérieur de la Digue; quelques vagues monstrueuses déferlaient seulement de temps à autre sur le parapet. Jusquelà, le danger n'était pas imminent. Mais lorsque le flot eut acquis une certaine élévation, quand il approcha de son plein, des coups de mer épouvantables s'abattirent sans relâche sur le sommet du môle, écrasant tout sous leur poids et balayant le revêtement par des torrents d'eau.

» Il y avait sur la Digue une garnison de 150 hommes, plusieurs employés et une centaine d'ouvriers, en tout 263 personnes. Qu'on se figure la position de ces malheureux sur un rocher artificiel, d'une fondation récente, au milieu des flots irrités qui fondaient sur eux de toutes parts ! Tous s'attendaient à disparaître avec les débris du môle, tous se croyaient arrivés à leur dernière heure. Hélas! ces cruelles prévisions allaient se confirmer pour le plus grand nombre d'entr'eux.

» Déjà quelques hommes avaient été emportés par les lames, d'autres venaient d'être écrasés ou blessés par la chute d'un des pilastres de la grille d'entrée, d'autres enfin étaient ensevelis sous des habitations écroulées, et chacun cherchait un abri contre le danger, lorsqu'un affreux coup de mer vint renverser le parapet de la *Batterie-Napoléon* et culbuter dans l'abîme les 20 pièces d'artillerie dont elle était armée. Cette brèche ouvrit un passage aux vagues, qui s'y précipitèrent sans interruption. Bientôt le revêtement supérieur du môle s'écroula, le terre-plein de la batterie fut entamé, et une scène horrible s'accomplit.... La caserne, le corps-de-garde, les pavillons circulaires, les logements des ouvriers, l'atelier des maçons, les forges, la poudrière, les magasins, tout fut renversé par la mer, entraîné par les flots, avec une foule de victimes; hommes et débris disparurent dans les vagues! Il ne resta debout sur la Digue qu'une partie du pavillon du commandant, et la salle de police dans laquelle trois militaires se trouvaient enfermés et furent sauvés.

» *Cent quatre-vingt-quatorze personnes* perdirent la vie dans cet effroyable désastre. Les *soixante-neuf* autres échappèrent à la mort en se réfugiant dans des grottes formées de gros blocs de pierre entourés d'enrochement, qui servaient à loger des apparaux, et qui résistèrent à toute la puissance de la tourmente.

» Lorsque la tempête commença à s'apaiser, trente-huit hommes furent enlevés de ces réduits par le dévoûment de M. Trigan, conducteur des travaux de la batterie, et d'un sergent du 4e régiment d'artillerie de la marine, qui gagnèrent à la nage une caïque de service, amarrée sur un corps-mort, avec laquelle ils accostèrent le môle pendant la basse-mer. Cette embarcation et les 40 hommes qu'elle portait attérirent au port de commerce à 5 heures du soir. Une partie de la population de Cherbourg, qui avait vu du rivage les bâtiments de la Digue disparaître sous les vagues et avait été toute la journée dans une anxiété cruelle, s'était portée au débarcadère, les uns par humanité, les autres conduits par le plus vif intérêt, par les plus tendres sentiments. C'étaient des femmes qui demandaient leurs maris, des enfants qui réclamaient leurs pères. Quelques-uns retrouvèrent là les objets de leur tendresse, mais la plupart ne devaient plus les revoir.

» Les vingt-neuf malheureux qui restaient encore sur la Digue après le départ de la caïque, furent ramenés en ville le lendemain. Leur arrivée produisit la même scène de douleur et de larmes que le débarquement des premiers.

» Plusieurs des infortunés de l'un et de l'autre convoi, exténués de froid et de misère, moururent dans la nuit ou les jours suivants ; huit succombèrent pendant le trajet de la Digue à la ville ou dès leur mise à terre. Les moins faibles pouvaient à peine se soutenir.

» En ajoutant ces 8 décédés aux 194 victimes englouties avec les débris du môle, on voit que la catastrophe de la Digue coûta la vie à *deux cent deux personnes*. Jamais Cherbourg n'avait été affligé d'un deuil aussi lamentable : ce n'étaient que cris dans les rues, que sanglots et désespoir chez les familles des pauvres ouvriers ; la désolation était générale. »

Il n'était resté debout sur le môle que le logement du commandant et la prison; tout le reste avait été bouleversé de fond en comble; on travailla aussitôt à rétablir le sol de la batterie, qui fut réarmée de 20 bouches à feu, et à construire de nouveaux logements pour une garnison composée de 60 hommes d'artillerie de marine seulement.

La Digue resta dans cet état jusqu'en 1811, époque à laquelle l'Empereur, s'étant rendu à Cherbourg, la visita. — Il reconnut la nécessité de substituer une défense permanente et définitive à cette batterie provisoire et d'une résistance douteuse. Mais la confiance que l'on avait dans les enrochements s'était usée dans la lutte d'une application sans cesse contrariée et qui, en résultat, n'offrait véritablement pas de garanties suffisantes; il fallait recourir à d'autres moyens. M. Cachin proposa de construire, en arrière de la batterie, une tour elliptique en maçonnerie pleine et revêtue en granit. Ce projet fut adopté par l'empereur Napoléon le 7 juillet 1811.

Les travaux furent immédiatement entrepris; mais deux ans après, les événements politiques mirent dans la nécessité de les suspendre. Repris en 1823, ils furent de nouveau disconstinués.

En 1820, le cube de matériaux, blocs et petites pierres, versés en rade pour l'exhaussement de la digue depuis l'origine des travaux, était de 3,702,557 mètres. La dépense proprement dite s'élevait à 20,968,956 fr.

Vers 1828, M. Hyde de Neuville, ministre de la marine, se rendit à Cherbourg, accompagné de M. Charles Dupin, pour y prendre connaissance de la situation des ouvrages et des moyens de perfectionnement qui semblaient offrir le plus de chance de succès. M. Fouques-Duparc, directeur des travaux hydrauliques, qui avait dirigé ces travaux sous les ordres de M. Cachin, éclaira la question des lumières de son expérience, et développa dès lors les bases du projet qu'il se proposait de soumettre à l'examen du gouvernement.

De grands changements avaient dû s'opérer dans la configuration d'une masse de pierres livrées à l'action des lames depuis plus de 40 hivers. Avant de rien entreprendre, il était indispensable que des profils scrupuleusement établis fissent connaître ces déplacements. Dès 1829 on sonda sur toute l'étendue de la Digue, et l'on reconnut que pour élever les deux branches à la hauteur des basses mers de vives eaux d'équinoxe, le cube des rechargements en moellons à effectuer serait d'environ 709,445 mètres. La branche de l'ouest se trouvait de deux à trois mètres au moins en contrebas des plus basses mers.

Ce n'est véritablement qu'en 1830 que la reprise des travaux eut lieu. Quoiqu'il n'y eût encore rien de décidé à l'égard des divers systèmes proposés, la Digue fut comprise au budget pour une somme de 70,000 francs. On s'occupa de réparer les navires qui avaient autrefois servi au transport des pierres; on fit un appel aux particuliers. Ces moellons furent versés tant à l'est qu'à l'ouest du fort central. La branche de l'est atteignit au niveau des basses mers de vives eaux ordinaires.

Au printemps de 1831 on comptait 68 navires employés au transport des pierres. Les versements se firent en majeure partie sur la branche de l'ouest. Le même travail se continuait au commencement de 1832, lorsqu'une dépêche ministérielle annonça l'adoption du projet de M. Duparc.

Ce projet différait essentiellement de tous les systèmes de construction suivis jusque-là pour la

Digue. Comme on l'a vu, le brise-lame, fondé sur le sable, se divise en deux branches formées en pierres perdues. On avait cru pouvoir assurer la fixité de ces matériaux, dont le volume et la pesanteur n'étaient pas en équilibre avec l'action des vagues, en les recouvrant de blocs de fortes dimensions; mais l'expérience a prouvé que ces blocs, quelque volumineux qu'ils fussent, ne rempliraient jamais le but; qu'il ne se passait pas de tempête qu'il n'y en eût un plus ou moins grand nombre de détachés du revêtement, et entraînés par la mer dans la direction des vents. M. Duparc, qui était convaincu que ce n'était qu'en substituant la maçonnerie aux blocs isolés que l'on parviendrait à faire un ouvrage durable, proposa, en conséquence, de couvrir la rade par un bloc unique ou muraille, d'une épaisseur moyenne de 10 mètres. Cette muraille, de maçonnerie pleine et revêtue en pierres de granit taillé, est établie sur le massif en pierres sèches, et s'élève depuis le niveau des basses mers jusqu'à 3 mètres 76 au-dessus du niveau des plus hautes mers. Du côté du nord, elle est défendue à son pied par une risberne en béton et plus au large par des enrochements en gros blocs.

Le procédé de construction que l'on devait suivre se trouvait ainsi arrêté. On s'occupa sur le champ de tous les travaux préliminaires que nécessitait cette colossale entreprise.

Voici quelle a été la marche du travail : lorsque le couronnement du massif en pierres sèches avait acquis la régularité convenable, on le couvrait d'une couche de béton d'un mètre d'épaisseur, que des caisses ou blocs artificiels protégeaient du côté du large. Des tablettes et des dalles schisteuses de grandes dimensions étaient ensuite posées sur ce mélange et formaient la partie inférieure de la muraille; ce n'était point immédiatement qu'elle atteignait sa plus grande hauteur, mais on l'exhaussait graduellement et par assises sur une étendue déterminée.

L'élévation du massif qui supporte la muraille est de 10 à 14 mètres, suivant la régularité du fond; on estime à 90 mètres la largeur moyenne de sa base; son talus du côté nord s'appuie dans sa partie supérieure contre les caisses de béton de la risberne, et se prolonge vers le large, sur le revers de l'ancienne Digue, avec une pente d'un dixième au moins. Du côté de la rade l'inclinaison du glacis, beaucoup plus rapide, est de 45°. La muraille a 10 mètres 82 d'épaisseur à sa base et 9 mètres environ à son sommet. Elle a 9 mètres 30 de hauteur.

---

Les travaux de la Digue se continuèrent ainsi jusqu'en 1838, année où M. Reibell, directeur des travaux hydrauliques à Lorient, fut appelé aux mêmes fonctions au port de Cherbourg. On reconnut bien vite la valeur du nouveau directeur. Une activité de jour et de nuit fut imprimée à l'œuvre, et de grandes réformes eurent lieu dans tous les détails du service. Les chantiers spécialement destinés à livrer des objets pour la Digue reçurent une impulsion énergique, et l'extraction des pierres et des blocs, ainsi que leur embarquement, se fit avec une promptitude extraordinaire.

Après quelque temps d'étude, M. Reibell vit qu'il y avait lieu de modifier le système employé pour les travaux de la Digue, d'autant plus que leur marche lui semblait lente, malgré une activité incessante. Il résolut d'abandonner le moyen de couler des caisses remplies de pierres et de béton pour former le couronnement du massif, et d'immerger tout simplement ces pierres avec un ciment faisant adhérence immédiate. Le vrai système de construire et de terminer la Digue était trouvé. La branche de l'est s'acheva rapidement, et les travaux ne se ralentirent pas lorsque l'on porta sur la branche de l'ouest le personnel employé sur la Digue.

En 1838, le port militaire de Cherbourg ne possédait que quelques établissements (encore quelques-uns existaient-ils au Vieil-Arsenal, faisant le quai est de l'avant-port du commerce), et cependant sa position devait lui donner l'assurance de voir bientôt tout l'ensemble des travaux projetés mis à exécution. A cette époque, la position de M. Reibell, comme directeur des travaux hydrauliques au port de Cherbourg, allait devenir très-utile à cet arsenal. L'activité et les connaissances de cet ingénieur ne devaient pas faire défaut dans la grande tâche qui allait lui incomber.

Une somme de quarante-quatre millions ayant été accordée en 1841 pour l'achèvement de la Digue et la construction de divers établissements maritimes dans le port, M. Reibell consacra à l'exécution de ces ouvrages tous ses instants, et ne recula devant aucun obstacle, soit qu'il fallût vaincre dans les conseils la présentation de vieilles théories inadmissibles, ou discuter avec l'administration centrale à Paris l'effet de mesures que l'on voulait imposer à la direction de ses travaux. Que de demandes de fonds adressées par lui au ministre de la marine pour faire avancer ou terminer certains bâtiments.... Ne s'en remettant qu'à lui-même pour juger du degré d'avancement de travaux de toute espèce, il se rendait à pied, chaque jour, sur tous les chantiers, et il n'y avait pas un seul de ses employés, soit ouvriers, maîtres, conducteurs et comptables, qui ne le vît plusieurs fois dans la journée.

Le nom de M. Reibell mérite une part dans les souvenirs qui s'attacheront à cette vaste création maritime et militaire.

---

La Digue, nous le répétons, a 3,742 mètres de longueur totale, d'une passe à l'autre ; elle se divise en deux branches d'inégale étendue et formant angle obtus.

La dépense de la Digue s'élève à 90,000,000 fr. ; le Musoir ouest, à 700,000 fr. ; la Batterie intermédiaire, à 300,000 fr. ; la Batterie centrale, à 700,000 fr., et le Musoir est à 650,000 fr.

Moyennant la dépense totale précitée, on est parvenu à créer à Cherbourg une rade excellente, abritée contre tous les vents, dans laquelle les navires sont en sûreté et trouvent une tranquillité complète dans les plus mauvais temps.

Avec ses deux passes, elle est praticable en tout temps pour l'entrée et la sortie par bâtiments à voiles.

Le calme obtenu depuis que la Digue est élevée dans toute sa longueur au-dessus du niveau des hautes mers, est beaucoup plus grand qu'on ne l'avait espéré. Il est tel que les embarcations non pontées peuvent toujours naviguer en rade, à l'exception peut-être de trois ou quatre jours par an. Aussi les marins s'accordent à déclarer que la rade de Cherbourg est une des plus faciles, des plus sûres et des plus belles qui existent.

On peut affirmer que le nombre de vaisseaux au mouillage pourrait s'élever au moins à quarante, à présent que la mer y est si tranquille en tout temps, et que les navires de guerre sont pourvus de machines à vapeur qui leur permettent de mouiller, d'appareiller, et même au besoin de rester en place avec plus d'ordre et dans des espaces plus restreints qu'ils ne le pouvaient faire autrefois, lorsqu'ils n'avaient d'autre secours que celui des voiles.

La rade est défendue par douze forts, dont les feux se croisent et ne laissent aucun espace vulnérable pour l'entrée de navires ennemis.

En voici leurs noms et le nombre de bouches à feu dont ils disposent :

| | |
|---|---|
| Querqueville................ | 34 pièces. |
| Chavagnac................. | 90 — |
| Batterie Ste-Anne............ | 19 — |
| Musoir ouest de la Digue..... | 60 — |
| Batterie intermédiaire........ | 14 — |
| Fort central................ | 40 — |
| Musoir est de la Digue....... | 60 — |
| Hommet................... | 60 — |
| Front nord de l'enceinte...... | 50 — |
| Front est    —    ...... | 40 — |
| Fort-Royal.................. | 60 — |
| Fort des Flamands.......... | 70 — |

# DÉTAILS

CONCERNANT

L'IMMERSION DU BASSIN NAPOLÉON III.

---

D'après le premier système conçu pour introduire l'eau dans le bassin Napoléon III, l'immersion devait durer six à sept heures. Un mode plus expéditif a été adopté; l'immersion s'accomplira en très peu de temps. Elle aura lieu par des vannes pratiquées dans le barrage de l'écluse sur l'avant-port, et à pleine passe dans l'écluse sur le bassin des armements. Cette dernière écluse sera fermée par une digue en argile, que des mines briseront à un signal donné et dont le flot emportera les débris.

Ce bassin a 420 mètres de long sur 200 mètres de large. Sa profondeur est de 17 mètres 86 en contre-bas de la tablette des quais, et de 9 mètres 24 en contre-bas des plus basses mers d'équinoxe. Il communiquera avec l'avant-port par une écluse de 100 mètres de longueur, sur 26 mètres de largeur et 14 mètres 42 de profondeur. Son accession avec le bassin Charles X aura lieu par une écluse également de 100 mètres de longueur, sur 18 mètres de largeur et 12 mètres 82 de profondeur. Il est entouré de 7 formes de radoub, dont 5 sont terminées : 4 sur le côté nord, dont 2 ont 100 mètres de long et les 2 autres 90 mètres, non compris les écluses d'entrée ; 1 à l'ouest, ayant une longueur de 69 mètres 30 ; et 2 au sud, ayant 140 mètres de long, écluses d'entrée non comprises. Ces deux dernières formes ne sont pas finies ; elles seront fermées par des batardeaux et achevées plus tard.

Ces grands ouvrages, creusés dans le rocher, et qui ont exigé plus de 20 ans de travaux, constituent dans leur ensemble une œuvre gigantesque : c'est en son genre le monument hydraulique le plus colossal du monde entier.

L'enceinte fortifiée du Port occupe un développement de 5 kilomètres, et possède onze bastions. Elle est entourée d'un fossé pouvant être rempli entièrement par l'eau de la mer.

# PETIT GUIDE

DANS

CHERBOURG

---

L'étranger qui aura vu le Port militaire, parcouru la Digue et jeté un coup-d'œil d'ensemble sur cette belle position maritime, devra reporter son attention sur la ville de Cherbourg et sur ses alentours.

L'itinéraire dans Cherbourg nous paraissant superflu, nous allons simplement nous borner à guider la marche du visiteur vers les principaux points de la ville, lui laissant le soin de parcourir seul les rues.

En général, la ville de Cherbourg est bien bâtie et ses constructions très-solides; les rues sont larges, bien pavées, garnies de trottoirs et éclairées par le gaz; les places sont belles et les promenades agréables. Des fontaines, économiquement distribuées, y entretiennent la fraîcheur et la propreté. La température y est très-douce; le thermomètre y baisse en hiver de plus de cinq degrés de moins qu'à Paris.

Autrefois on arrivait à Cherbourg par l'avenue du Roule, appelée aussi rue de Paris.

Cette avenue, plantée de chaque côté d'une double rangée d'arbres, est dans la belle saison la promenade ordinaire des habitants de Cherbourg. La ligne du chemin de fer et les établissements de la gare se trouvant à cet endroit, donnent un attrait nouveau à cette promenade, d'où on aperçoit les crêtes des montagnes du Roule et de la Fauconnière. L'église Notre-Dame-du-Roule est adossée au pied de la montagne; elle a été construite au moyen de souscriptions sollicitées avec un zèle infatigable par son fondateur, M. Regnier, chanoine et orateur de mérite.

En quittant la gare du chemin de fer, le voyageur se trouve en face des chantiers de construction des navires de commerce, et où se font aussi les embarcations ou canots. Il suivra la ligne du quai et verra de suite le mouvement maritime de la place, qui, dans peu d'années, il faut l'espérer, sera plus actif et plus suivi. Dans ce bassin flottent souvent les pavillons des navires de plusieurs nations. Arrivé à l'avant-port, le voyageur s'approchera du pont-tournant, et là, si la mer est haute, il aura devant lui le spectacle d'une joute continuelle d'embarcations qui partent du débarcadère ou qui se détachent des vaisseaux de guerre en rade. L'air franc et gai du marin sautant à terre dans une bonne tenue, donne à cette scène quelque chose d'étrange qui vous égaie.
— Les navires de commerce, entrant souvent à pleines voiles dans l'avant-port, dans tout l'ap-

pareil de la vie de mer, subjuguent aussi les personnes ne fréquentant pas les ports.

En reprenant le quai de l'avant-port, le visiteur apercevra le monument élevé, en 1848, au colonel Armand de Briqueville, qui fut député de l'arrondissement de Cherbourg pendant le gouvernement de Juillet. Les noms des batailles où assista Briqueville sont gravés sur son piédestal. — Les souscripteurs qui aidèrent à élever ce petit monument eurent pour but plutôt d'honorer le caractère indépendant et ferme du député, que de récompenser les services du soldat : ils furent cependant très-brillants. Le buste de Briqueville est de David d'Angers.

A quelques pas de ce piédestal se trouve le *Bureau des Postes* et la *Direction du Génie*, et en allant à droite, vers les cales de construction, on peut aller prendre le frais de la mer sur la jetée de l'Ouest. — En prenant à gauche, on se dirige vers la principale église (l'église Sainte-Trinité) de cette ville, dont une des ailes fait face à la rade. Cette église, tombée en ruines en 1412, fut reconstruite par les habitants avec l'aide des Anglais occupant le pays. C'est un monument bizarre, dans lequel on reconnaît facilement l'œuvre des différentes époques qui l'ont produit. L'édifice ne fut terminé qu'en 1466; il a 3 nefs. Une petite fenêtre placée derrière un Jehovad éclaire un baptême de Jésus-Christ, œuvre d'Armand Fréret, ainsi que le reste de l'autel. Une statue de sainte Anne, placée dans la chapelle des Fonts, est de Louis Fréret, fils d'Armand. Ces habiles sculpteurs étaient de Cherbourg, et parmi leurs descendants il se trouve encore des artistes distingués de ce même nom. Nous laissons au visiteur la tâche d'examiner l'ensemble de cette église.

En sortant de l'église par le portail nord de l'édifice, on se trouve sur le quai Napoléon, qu'il faut parcourir.

La ville de Cherbourg, avec une population de 39,000 ames, est pourtant une ville naissante. On ne peut guère s'attendre à trouver dans son sein les monuments que certaines cités moins populeuses offrent aux étrangers. Mais sa position et son avenir rachètent ce que les années n'ont pu lui donner, en fait de monuments historiques et d'objets d'art.

Grâce à l'administration municipale, dignement dirigée par M. le Maire de Cherbourg, notre ville va posséder une magnifique statue équestre de l'empereur Napoléon 1er, regardant tout à la fois le port militaire, la digue et la rade, et paraissant donner son approbation à l'exécution des grands travaux que son génie avait conçus.

Les dimensions de cette statue, qui est due au talent de M. Levéel, cheval et cavalier compris, seront de 5 mètres 20 de hauteur. — Le nombre des blocs de granit entrés dans l'ensemble du piédestal est de 64, dont 40 petits. 20 gros et 4 d'une énorme dimension pesant chacun 12 à 15,000 kilogrammes. Ce piédestal fait honneur à son auteur, M. Geufroy, architecte de la ville.

C'est sur le quai Napoléon, depuis l'ancien fort de Longlet, où existe une vigie maritime, jusqu'à la jetée, que les troupes de la garnison viennent se placer, les jours de grandes revues, pour opérer leur défilé en présence des autorités placées ordinairement sur la place d'Armes, en face de la fontaine monumentale.

Cet obélisque, en granit, achevé en 1817, fut destiné à perpétuer le souvenir du débarquemnet du duc de Berry à Cherbourg, le 3 avril 1814. La cuvette et l'aiguille sont l'une et l'autre d'une seule pièce.

La place d'Armes est le rendez-vous des oisifs et de la fashion cherbourgeoise, et c'est là aussi que l'on fait parade de bel esprit et de connaissance des nouvelles du jour.

L'hôtel-de-ville, situé sur cette place, possède un salon de réception admirable, tant par sa distribution que par sa grandeur et ses décorations. Les bals qui s'y donnent fréquemment sont très-brillants. Ce salon mérite de fixer l'attention des gens de goût.

Nous engageons fortement à visiter le Musée de tableaux occupant une partie du premier étage de l'hôtel-de-ville; on y rencontre des toiles de nos premiers maîtres. L'artiste et l'amateur apprécieront ces tableaux. Le catalogue expliquera mieux que nous la richesse de ce musée.

La ville s'honore de posséder ce musée, qui fut fondé avec les dons d'un de ses plus honorables compatriotes, M. Henry, commissaire des musées royaux.

Au deuxième étage se trouve le Muséum d'histoire naturelle renfermant, malgré son exiguité, des collections d'antiquités et de choses curieuses.

La Bibliothèque de la ville existe également dans l'édifice de la mairie.

Nous avons maintenant à conduire le visiteur à l'église Notre-Dame-du-Vœu, et en chemin faisant, il examinera l'Hôtel provisoire de la Préfecture maritime, rue des Bastions; plus loin, en allant rue du Chantier, se trouve, à droite, à l'extrémité de la rue Ancien-Hôtel-Dieu, une charmante chapelle appartenant à la communauté de Jésus et Marie. — L'Hôtel de la Sous-Préfecture est situé rue du Chantier, laquelle correspond, à droite, à la rue de Bailly, où existent une Manufacture de Dentelles, le Collége et la demeure du général commandant la subdivision de la Manche. — Dans la rue de la Poudrière, qui fait le prolongement de la rue du Chantier, on aperçoit une construction déjà ancienne, servant encore, de nos jours, à une poudrière !

Nous arrivons à l'église Notre-Dame-du-Vœu, située à peu de distance de la poudrière.

La pose de la première pierre de cette église, érigée sous l'invocation de *Notre-Dame-du-Vœu*, en mémoire du vœu de la reine Mathilde au XIIe siècle, eut lieu le dimanche 26 mai 1850. L'inauguration en fut faite par M. le curé de Cherbourg, le 21 mars 1852.

Après examen de l'intérieur et de la construction de cette église, le visiteur se dirigera par le côté opposé d'où il est venu, en obliquant, à gauche, pour suivre un chemin conduisant à la rue du Faubourg : arrivé là, il se dirigera à droite et apercevra trois petits bâtiments d'une forme régulière, dont le premier sert de salle d'asile, le deuxième d'école communale, et le troisième de temple au culte de la religion évangélique chrétienne.

La place Divette, avec sa double rangée de tilleuls, s'offre à la vue. C'est là que s'installent les spectacles forains et les saltimbanques. Les foires de Cherbourg se tiennent sur cette place.

La Maison d'Arrêt et les Halles centrales font face à cette place. L'édifice de la halle est grandiose; en outre de la vente des grains qui s'y fait, il sert aussi à l'étal de bouchers et à remiser un grand nombre d'objets.

Derrière la maison d'arrêt se trouve le Palais de Justice, dont les salles sont convenablement distribuées et méritent d'être vues.

Le marché aux fleurs, fruits et légumes a lieu sur la place du Château, en face des halles.

Nous laissons le visiteur se promener quelques instants sur cette place, où il peut examiner de belles productions horticoles; et de là, s'il veut faire le tour du bassin de commerce, nous le prions de nous attendre au pont-tournant.

De cet endroit on voit, à l'est de l'avant-port, sur la gauche, des bâtiments d'une construction uniforme qui servirent d'ateliers maritimes au début de la formation du port militaire, et ne renfermant guère maintenant que les approvisionnements pour le service des vivres de la marine impériale. Cet établissement porte le nom de Vieil-Arsenal. Les navires de commerce ne peuvent pas encore se mettre à quai de ce côté.

En prenant la direction de cet établissement et en le contournant, on arrive facilement sur le bord de la mer. Le visiteur devra s'arrêter pour contempler cette plage. Un sable fin, un sol uni et une mer calme sont les conditions essentielles demandées par les amateurs de natation, et elles se trouvent réunies en cet endroit; aussi le nageur peut-il gagner le large sans crainte de danger.

L'établissement des Bains de Mer, à part quelques emménagements à y installer, pourra lutter, dans quelque temps, avec d'autres maisons de ce genre, n'ayant pas, en face d'elles, une rade couverte de vaisseaux de guerre et de navires appartenant au commerce.

Une promenade plus prolongée sur cette plage conduirait au fort des Flamands puis à la Mare de Tourlaville, lieu où on dépose les bois destinés à la mâture des bâtiments de l'État. Ces bois sont enfouis dans le sable pour être conservés.

En faisant une excursion dans la campagne bordant la mer, on verra dans les champs une culture potagère bien entendue, et dont la précocité des légumes est un grand bien-être pour les habitants. — Une fonderie et un atelier de galvanisation sont placés dans ces environs, appelés, par leur belle position, à posséder plusieurs établissements commerciaux d'ici à peu d'années.

Ayant repris la rue principale de cette partie de Cherbourg, appelée le quartier du Val-de-Saire, on arrive près de l'église St-Clément, dont le clocher est aperçu des Bains de Mer.

La pose de la première pierre de cette église eut lieu le 19 juin 1853. La consécration en fut célébrée par M$^{gr}$ l'évêque de Coutances, le 5 octobre 1856.

De cet endroit on voit, à l'est de l'avant-port, sur la gauche, des bâtiments d'une construction uniforme qui servirent d'ateliers maritimes au début de la formation du port militaire, et ne renfermant guère maintenant que les approvisionnements pour le service des vivres de la marine impériale. Cet établissement porte le nom de Vieil-Arsenal. Les navires de commerce ne peuvent pas encore se mettre à quai de ce côté.

En prenant la direction de cet établissement et en le contournant, on arrive facilement sur le bord de la mer. Le visiteur devra s'arrêter pour contempler cette plage. Un sable fin, un sol uni et une mer calme sont les conditions essentielles demandées par les amateurs de natation, et elles se trouvent réunies en cet endroit; aussi le nageur peut-il gagner le large sans crainte de danger.

L'établissement des Bains de Mer, à part quelques emménagements à y installer, pourra lutter, dans quelque temps, avec d'autres maisons de ce genre, n'ayant pas, en face d'elles, une rade couverte de vaisseaux de guerre et de navires appartenant au commerce.

Une promenade plus prolongée sur cette plage conduirait au fort des Flamands puis à la Mare de Tourlaville, lieu où on dépose les bois destinés à la mâture des bâtiments de l'État. Ces bois sont enfouis dans le sable pour être conservés.

En faisant une excursion dans la campagne bordant la mer, on verra dans les champs une culture potagère bien entendue, et dont la précocité des légumes est un grand bien-être pour les habitants. — Une fonderie et un atelier de galvanisation sont placés dans ces environs, appelés, par leur belle position, à posséder plusieurs établissements commerciaux d'ici à peu d'années.

Ayant repris la rue principale de cette partie de Cherbourg, appelée le quartier du Val-de-Saire, on arrive près de l'église St-Clément, dont le clocher est aperçu des Bains de Mer.

La pose de la première pierre de cette église eut lieu le 19 juin 1853. La consécration en fut célébrée par Mgr l'évêque de Coutances, le 5 octobre 1856.

En face de cet édifice, un hôpital général est en construction et portera le nom d'Hospice Napoléon III.

A peu de distance de l'église Saint-Clément, on trouve la rue de Paris qui, en allant à droite, conduit à la jolie avenue Javain, située derrière la Manutention de la guerre et la Caserne d'infanterie de ligne. Cette promenade est le rendez-vous des vieillards et le lieu où l'on vient guider les premiers pas des enfants. Nous engageons le visiteur à se reposer sur les bancs de ce cours, et à jouir du coup-d'œil du canal de retenue recevant les eaux des rivières du Trottebec et de la Divette, de l'allée Reibell allant rejoindre la belle avenue du Cauchin, et de l'aspect de la montagne du Roule. — L'Abattoir et l'Entrepôt sont entre ce canal et le bassin du commerce.

Si le visiteur veut bien encore se laisser guider par nous, nous le ferons gravir la montagne du Roule par la rampe prenant son point de départ de la route de Paris. — Cette montagne a 119 mètres au-dessous du niveau des basses mers d'équinoxe. C'est de sa partie nord-ouest que furent extraits les blocs employés à la construction de la Digue. Des quatre hauteurs qui entourent Cherbourg, c'est sans contredit la plus remarquable; on y jouit d'une vue magnifique : c'est un panorama aussi varié qu'étendu.

Nous demandons de nouveau congé au visiteur, et nous revenons en ville par le chemin qu'il a suivi à sa première entrée dans Cherbourg. A ce soir, au Théâtre.

La Salle de Spectacle est située rue de l'Alma. Quoique petite, elle a une scène assez vaste pour pouvoir y représenter les chefs-d'œuvre de notre littérature. Le public cherbourgeois a un goût prononcé pour l'opéra. Il délaisse souvent le drame pour ce genre de spectacle. Une société d'orphéonistes, ayant obtenu plusieurs grands prix dans des concours sérieux, existe dans notre ville, et parmi ses membres, il en est quelques-uns sortant de la ligne ordinaire des amateurs.

Si l'étranger juge favorablement la ville de Cherbourg, nous n'hésitons pas à lui dire que

En face de cet édifice, un hôpital général est en construction et portera le nom d'Hospice Napoléon III.

A peu de distance de l'église Saint-Clément, on trouve la rue de Paris qui, en allant à droite, conduit à la jolie avenue Javain, située derrière la Manutention de la guerre et la Caserne d'infanterie de ligne. Cette promenade est le rendez-vous des vieillards et le lieu où l'on vient guider les premiers pas des enfants. Nous engageons le visiteur à se reposer sur les bancs de ce cours, et à jouir du coup-d'œil du canal de retenue recevant les eaux des rivières du Trottebec et de la Divette, de l'allée Reibell allant rejoindre la belle avenue du Cauchin, et de l'aspect de la montagne du Roule. — L'Abattoir et l'Entrepôt sont entre ce canal et le bassin du commerce.

Si le visiteur veut bien encore se laisser guider par nous, nous le ferons gravir la montagne du Roule par la rampe prenant son point de départ de la route de Paris. — Cette montagne a 119 mètres au-dessous du niveau des basses mers d'équinoxe. C'est de sa partie nord-ouest que furent extraits les blocs employés à la construction de la Digue. Des quatre hauteurs qui entourent Cherbourg, c'est sans contredit la plus remarquable; on y jouit d'une vue magnifique : c'est un panorama aussi varié qu'étendu.

Nous demandons de nouveau congé au visiteur, et nous revenons en ville par le chemin qu'il a suivi à sa première entrée dans Cherbourg. A ce soir, au Théâtre.

La Salle de Spectacle est située rue de l'Alma. Quoique petite, elle a une scène assez vaste pour pouvoir y représenter les chefs-d'œuvre de notre littérature. Le public cherbourgeois a un goût prononcé pour l'opéra. Il délaisse souvent le drame pour ce genre de spectacle. Une société d'orphéonistes, ayant obtenu plusieurs grands prix dans des concours sérieux, existe dans notre ville, et parmi ses membres, il en est quelques-uns sortant de la ligne ordinaire des amateurs.

Si l'étranger juge favorablement la ville de Cherbourg, nous n'hésitons pas à lui dire que

coteaux couverts de pommiers, les collines tortueuses disparaissant les unes derrière les autres, et la ligne du chemin de fer coupant ce terrain si accidenté, forment une promenade délicieuse. En arrivant dans cette vallée, on s'arrête à voir la Roche-qui-Pend, dont les blocs fendus menacent depuis longtemps les habitations qui l'avoisinent.

A Martinvast, le château de M. le comte du Moncel et la ferme-école dont il est le directeur, attirent, dans la belle saison, beaucoup de promeneurs.

A Tourlaville, des traditions terribles se rattachent à cette commune et à la famille des Ravalet, qui possédait jadis le château seigneurial de cet endroit. Des drames épouvantables se passèrent dans cette demeure. On en cite un, entr'autres, qui se dénoua en place de Grève, à Paris. De cette famille Ravalet naquirent un garçon du nom de Julien et une fille appelée Marguerite. Ces enfants s'aimaient dès leur premier âge, et devenus grands, les parents s'aperçurent que l'amitié fraternelle avait fait place à un sentiment plus tendre. Julien fut éloigné de la maison pour faire ses étu-

s'il l'avait parcourue il y a dix ans, sa surprise serait grande aujourd'hui, tant il y a eu de changements. Une direction habile et très-active a pu seule obtenir ce résultat en peu d'années : elle est due à M. le Maire de Cherbourg, dont tous les instants sont consacrés à l'intérêt de la cité.

---

Il y a dans les environs de Cherbourg beaucoup d'endroits méritant d'être visités et étudiés. Le peintre, l'antiquaire et le botaniste trouveront dans les arrondissements de Cherbourg et de Valognes de précieux matériaux. Mais le cadre de ce petit ouvrage ne nous permet que de mentionner les communes où un certain intérêt peut attirer le visiteur.

En laissant la montagne du Roule pour se diriger du côté de Valognes, on trouve un peu plus loin, du côté opposé, un chemin conduisant au vallon de Quincampoix. La rivière suivant un cours irrégulier à travers de petites prairies, les coteaux couverts de pommiers, les collines tortueuses disparaissant les unes derrière les autres, et la ligne du chemin de fer coupant ce terrain si accidenté, forment une promenade délicieuse. En arrivant dans cette vallée, on s'arrête à voir la Roche-qui-Pend, dont les blocs fendus menacent depuis longtemps les habitations qui l'avoisinent.

A Martinvast, le château de M. le comte du Moncel et la ferme-école dont il est le directeur, attirent, dans la belle saison, beaucoup de promeneurs.

A Tourlaville, des traditions terribles se rattachent à cette commune et à la famille des Ravalet, qui possédait jadis le château seigneurial de cet endroit. Des drames épouvantables se passèrent dans cette demeure. On en cite un, entr'autres, qui se dénoua en place de Grève, à Paris. De cette famille Ravalet naquirent un garçon du nom de Julien et une fille appelée Marguerite. Ces enfants s'aimaient dès leur premier âge, et devenus grands, les parents s'aperçurent que l'amitié fraternelle avait fait place à un sentiment plus tendre. Julien fut éloigné de la maison pour faire ses études, et on chercha à marier la jeune fille : elle n'osa pas refuser pour mari un vieux receveur des tailles. Le frère revint quelque temps après, et bientôt il s'enfuit avec sa sœur. Ils furent poursuivis par le vieil époux, qui les fit arrêter à Paris. La sœur était enceinte, mais en avouant son adultère, elle nia que son frère fût son complice. Les deux amants furent exécutés pour crime d'inceste le 2 décembre 1603.

A Jobourg, c'est la vue des fameuses falaises qui a le privilége d'attirer les voyageurs. On a à ses pieds d'immenses précipices et la mer; au large, on voit le ras avec ses ondes bouillantes, le phare d'Auderville et les îles anglaises. — Il est préférable de prendre une voiture particulière pour se rendre dans cette localité.

A Flamanville, il y a aussi d'imposantes falaises, d'où ont été extraits les beaux morceaux de granit employés à la construction du piédestal de la statue de l'empereur Napoléon I$^{er}$. — Un superbe château, appartenant à M. le marquis de Sesmaisons, existe dans cette commune. Un *dolmen* remarquable se trouve sur le bord de la mer.

Il nous reste à mentionner le Phare de Barfleur, situé à la pointe de Gatteville. Ce point est très-dangereux pour les navires : la mer, même par beau temps, y est mauvaise. Le phare, entièrement en granit, s'élève à 83 mètres au-dessus du niveau des plus hautes mers. Cette colonne est la plus haute du monde; elle est creuse et renferme un escalier en hélice de 349 marches.

Du haut de ce phare, la vue plane au loin en mer. Le feu en est tournant, et les éclipses se succèdent de minute en minute.

Du petit bourg de Barfleur, le voyageur pourra se rendre à St-Vaast-la-Hougue, lieu célèbre par la destruction d'une partie de la flotte de Tourville en 1692. Le commerce local y est actif, et beaucoup de petits navires fréquentent ce port.

Pour terminer ses excursions, le voyageur aura le choix de quitter St-Vaast-la-Hougue, soit en se dirigeant du côté de Valognes, pour y prendre la station du chemin de fer, soit de revenir à Cherbourg par le chemin qu'il a déjà parcouru.

---

Imp. d'Aug. Mouchel, rue de la Fontaine, à Cherbourg.

des, et on chercha à marier la jeune fille : elle n'osa pas refuser pour mari un vieux receveur des tailles. Le frère revint quelque temps après, et bientôt il s'enfuit avec sa sœur. Ils furent poursuivis par le vieil époux, qui les fit arrêter à Paris. La sœur était enceinte, mais en avouant son adultère, elle nia que son frère fût son complice. Les deux amants furent exécutés pour crime d'inceste le 2 décembre 1603.

A Jobourg, c'est la vue des fameuses falaises qui a le privilége d'attirer les voyageurs. On a à ses pieds d'immenses précipices et la mer; au large, on voit le ras avec ses ondes bouillantes, le phare d'Auderville et les îles anglaises. — Il est préférable de prendre une voiture particulière pour se rendre dans cette localité.

A Flamanville, il y a aussi d'imposantes falaises, d'où ont été extraits les beaux morceaux de granit employés à la construction du piédestal de la statue de l'empereur Napoléon I$^{er}$. — Un superbe château, appartenant à M. le marquis de Sesmaisons, existe dans cette commune. Un *dolmen* remarquable se trouve sur le bord de la mer.

www.ingramcontent.com/pod-product-compliance
Lightning Source LLC
LaVergne TN
LVHW020953090426
835512LV00009B/1878